Melzer, Märchen der Guaraní-Indianer

Dietmar H. Melzer

Märchen der Guaraní-Indianer

Gesammelt und übersetzt von Inge Melzer

Illustrationen von Graham King

1. Auflage 1985
idime
Verlag Dietmar Melzer · Friedrichshafen
Lektorat: Irene Matthes · Kaufbeuren
Satz: Fotosatz Fesser · Überlingen
Druck: Reproduktion + Druck 2000 GmbH · Ravensburg
ISBN 3-924026-05-X
Printed in Germany

Inhaltsverzeichnis

Vorwort

Es gibt noch viel Urwald am Oberlauf des Rio Paraná, und noch immer ziehen reinrassige Guaraní durch diese südamerikanische Wildnis auf der Suche nach dem Land ohne das Böse. Sie lieben Ihre Heimat und sind bodenständiger als die angeblich seßhaften Europäer, die ihre Heimat wie plündernde Nomaden behandeln. Die Indios haben gelernt, in der Natur zu überleben, ohne sie zu zerstören.
Sie beobachten jedoch mit Schrecken, wie Bulldozer durch den Urwald brechen. Die fallenden Stämme reißen Orchideen mit, deren Art mit dem Tod dieser Bäume nie wieder blühen wird. Für die Indios stirbt nicht nur ein Baum, dessen Holz in Geld bewertet werden kann, sondern ein Ernährer, der Früchte wachsen läßt; ein Rohstofflieferant, aus dessen Fasern man Hängematten flechtet; ein Apotheker, der heilende Blätter spendet; ein Kamerad, der durch seine Blüte zeigt, wann der Hirsch gejagt werden darf. Mehr noch! Der Baum ist die Prinzessin Isapy, verwandelt, um Gutes in der von Tupá geschaffenen Welt zu tun; ist die Prinzessin Naipí, verwandelt, um für immer Liebesleid zu erdulden; ist die Sängerin Anaí, verwandelt, um Triumph des Liedes über

den Schmerz zu sein . . . Mit Bäumen, Farnen, Lianen sterben Tiere, und alle sind Wesen, die viel mehr sind, als sie uns Europäern scheinen. Der Kolibri bringt die Seelen ins Paradies, der Sperber zeigt, wie vorsichtig man mit Gerechtigkeit sein muß, und die Schlange bleibt den letzten Beweis schuldig, daß die Natur nur grausam und ohne Moral sei. Doch wenn der Saft der heiligen Zeder versiegt, verlieren die Menschen ihre Unsterblichkeit, und wenn die ewige Pindopalme zerstört ist, wird das Universum einstürzen. Stürzt dann wirklich nur der Himmel der Indios Guaraní?

Ein Jahr lang haben meine Frau Inge und ich bis jetzt im Land der Guaraní verbracht. Es kostete viel Zeit, aus flüchtigem Kontakt zu den scheuen Guaraní Freundschaft wachsen zu lassen, die uns einen Platz am Glimmfeuer von Häuptling Perumí erlaubte. Erst als die Kalebasse mit dem Mate-Tee kreiste, waren wir keine Eindringlinge mehr, vor denen man die Geheimnisse des Stammes verbergen mußte. Sie zeigten uns, wie man Farben herstellt, wie man aus Lianen und Bambus Körbe flicht, welches Holz gut für einen Bogen ist und welche Blätter einen Tee zum Träumen geben. Dabei fiel so manche Bemerkung, die für uns keinen Sinn ergab. Warum darf man nicht alle Früchte der Pindopalme ernten? Warum schneidet man aus der Tacuapí keine Pfeile? Die Indios haben unsere Fragen nicht

gleich und direkt beantwortet. Manches erfuhren wir irgendwann zufällig oder aus launiger Gesprächsbereitschaft. Und dann wurde der Urwald am Alto Paraná zu einem Land voller Wunder.
Diese Märchen – die Legenden der Guaraní – sind nur ein Bruchteil aus dem Schatz ihres Wissens über die Welt. Sie alle zu erforschen ist eine Lebensaufgabe. Inge hat sie aus Guaraní und Spanisch ins Deutsche übertragen, und ich habe sie für Deutschsprachige nacherzählt. Sind sie nicht Botschaften an unsere technisierte Welt?

Dietmar H. Melzer

Über den Zeichner Graham King

Die Presse nennt seine Werke »Denkfutter im Posterformat« und fragt, ob er ein gestrandetes Popkind oder ein Umweltgärtner mit Zukunft sei. Gewöhnlich zeigt er in seinen Werken unmißverständlich, wie Natur und menschliche Ideale der Überzivilisation zum Opfer fallen.

Für uns war er der richtige Zeichner, der sich in eine Urwohlstandsgesellschaft hineindenken kann, um sie idealisiert wiederzugeben.

Graham King wurde am 11. September 1941 in Schottland geboren und studierte an der Kunstschule von Coventry bildende Kunst und Gebrauchsgrafik. Nach Studienreisen durch Amerika und durch den Orient und nach seiner »Londoner Zeit« wirkt er seit März 1965 am Bodensee.

Caa Porá – die Göttin des Urwaldes

Voller Wunder ist der Urwald am Oberlauf des Rio Paraná. Wenn der Lapachobaum blüht, überziehen verzaubernde Farben das Land. Rosarote, gelbe und blaue Blüten schweben in den mächtigen Kronen, die das Blätterdach des Waldes überragen. In Felsspalten findet man geheimnisvoll glitzernde Steine. Sie unterstreichen die Schönheit der Mädchen und verleihen den Schamanen übernatürliche Kräfte. Der Wald ist fruchtbar und so reich an Pflanzen und Tieren, daß mancher Guaraní schon glaubte, dies müsse das Land ohne das Böse sein. Hier wohnt die Göttin Caa Porá, die Beschützerin der Tiere. Nur mit ihrer Gunst kann ein Jäger erfolgreich sein. Die Göttin gewährt sie mit sorgfältiger Wahl, damit weder Mensch noch Tier Not leiden müssen.
Einst lebte hier der Guaraní Catupirí. Er war ein kluger Mann, der die Grenze seiner menschlichen Kraft kannte und sich bemühte, durch Tanz und Gesänge ein gutes Verhältnis zur Göttin zu wahren. Der junge Mann gefiel ihr. Sie überließ ihm so manchen Hirsch und Tapir, so daß er ein erfolgreicher Jäger wurde.
Catupirís Frau hieß Ñandú. Sie konnte aus den Blättern der Pindopalme und aus Lianen Körbe mit schönen

Mustern flechten, und aus Wollblüten vermochte sie feine Schnüre zu spinnen, die sie zu kunstvollen Armbändern knüpfte. Von seinen Jagdausflügen brachte ihr Catupirí immer bunte Federn oder Blumen mit, die sie zu neuen Formen und Muster anregten.

Er liebte sie sehr und sagte ihr das auch. Einmal antwortete Ñandú jedoch darauf: »Ich liebe dich so sehr, daß ich dich töten und auffressen möchte, damit dein Körper immer bei mir ist.«

Catupirí lachte: »Vergiß nicht, daß ich ein guter Jäger bin und viele schöne Frauen ernähren und glücklich machen könnte.«

Ñandú hob den Kopf und sagte: »Ich werde jeder anderen Frau, die du in unser Tapuí bringst, das Leben so verleiden, daß sie uns wieder verläßt.«

Catupirí vergaß dieses Gespräch, denn auf seinen Streifzügen durch den Wald, über Ströme und Seen und an donnernden Wasserfällen vorbei, erlebte er viele Abenteuer. Doch immer befolgte er die Gesetze der Göttin und erlegte nur Tiere, die sie ihm überließ.

Eines Tages wurde er von einem heftigen Unwetter überrascht. Er suchte Schutz in einer Höhle. Unweit davon schlug ein Blitz in einen Baum, und Catupirí hörte danach den angstvollen Schrei einer Frau. Beunruhigt verließ er seine Höhle und ging suchend in die Richtung, aus der er den Schrei gehört hatte. Da fand er

unter einem umgestürzten Baum eine Frau liegen. Sie war so schön, daß er verwirrt niederkauerte, um sie zu betrachten.
»Bitte hilf mir, Catupirí«, flehte die Frau. Der Jäger wunderte sich, daß sie seinen Namen wußte, hob aber den Stamm empor, der sie gefangenhielt und befreite sie. Als er sie in seine Arme nahm, um sie in die schützende Höhle zu tragen, strömte ein nie gekanntes Glücksgefühl durch seinen Körper.
»Cuñataí porá – wunderschöne Frau«, sagte er mit zitternder Stimme. »Wo ist dein Stamm? Ich werde dich zu ihm zurückbringen.«
»Mein Heim ist der Wald, mein Vater Kuarahy, der Sonnengott, meine Mutter Yasí, die Mondgöttin, und meine Gefährten sind die Tiere, zu deren Schutz ich auserwählt wurde«, antwortete sie schwach.
Catupirí verstand sie nicht. »Taroniraí«, dachte er sich. Ein wenig verrückt ist sie durch diesen Unfall. Sie war indes Caa Porá, die Göttin des Urwaldes. Durch den Sturz hatte sie das Medium ihrer Macht verloren, den Stab aus dem Herzen des Lorbeerbaumes.
Als das Unwetter vorbei war, hob er sie auf und wanderte mit ihr zu seinem Tapuí zurück. Seine Frau kam ihm entgegen. »Ich habe sie gefunden«, sagte er. »Sie ist verletzt. Wir werden sie gesundpflegen. Ich werde sie zur Frau nehmen.«

Ñandús Blick verfinsterte sich. Catupirí beobachtete es. »Trau dich nicht, ihr etwas Böses anzutun«, warnte er sie. Ñandú verstand, daß die Fremde seine zweite Frau werden sollte. Die Liebe in ihr zu Catupirí verwandelte sich in Haß. Die Fremde sollte leiden, wie sie selbst nun litt! Als Catupirí zur Jagd davonging, schlug sie böse auf die Göttin ein. Sie sollte nicht gesund werden. Dafür wollte Ñandú sorgen. Und als Catupirí nach Tagen zurückkehrte, fand er die schöne Frau noch schwächer vor. Ñandú hingegen hatte ihren Körper mit roten Zeichen bemalt und wiegte sich im Tanz der Göttin Ñande Sy. Der Jäger wird nur eine gesunde Frau lieben wollen, dachte sie. Doch dieser wandte sich mit Zärtlichkeit der Fremden zu.

»Ich habe etwas verloren«, flüsterte die Göttin leise. »Suche es und bring es mir!«

Catupirí ging wieder zur Jagd und suchte, was die Frau verloren haben mochte. Jedesmal, wenn er unterwegs war, schlug Ñandú auf die Kranke ein, damit sie nicht gesunden konnte. Und wenn Catupirí zurückkam, brachte er der Caa Porá, was er gefunden hatte: mal blaue Blüten des Lapachobaumes, mal schillernde Federn des Yasi-Yateré, mal seltsam geformte Baumwurzeln und auch glitzernde Topas-Steine. Das Verlorene war jedoch nicht dabei. Die Caa Porá beschrieb ihren Stab aus dem Herzen des Lorbeerbaums. Und

Catupirí dachte nachsichtig: »Taronirai, ein wenig verrückt ist sie schon.«
Einer seiner Ausflüge führte ihn zu dem Baum zurück, unter dem er die geliebte Fremde gefunden hatte. Unter welkem Laub entdeckte er den Stab aus dem Herzen des Lorbeerbaumes. Er nahm ihn an sich und eilte in sein Tapuí zurück. Doch als er der Göttin den Stab reichen wollte, wurde ihm seine Bedeutung bewußt. Gleichzeitig erkannte er die Caa Porá. Und alle in dem Tapuí wußten im gleichen Augenblick, daß er ein Medium der Götter in Händen hielt, welches auch ihm Macht verlieh.
»Gib mir den Stab«, bat die Caa Porá.
»Tu es nicht«, rief Ñandú. »Sie wird dich damit töten.«
Catupirí wußte nicht, was er tun sollte. Der böse Blick seiner ersten Frau flößte ihm Furcht ein. Die Göttin würde ihn vielleicht wirklich töten wollen, weil er sie schwach gesehen und auch zur Frau genommen hatte. Die Caa Porá jedoch lächelte zärtlich: »Ich liebe dich. Gib mir den Stab, und ich werde dich glücklich machen wie den Payé Zumé im Land ohne das Böse. Und ich werde dich immer lieben und immer deine Frau sein wollen.«
Doch Catupirí fällte eine andere Entscheidung.
»Ich will alles behalten«, sagte er. »Das Medium der Macht und euch beide als meine Frauen.«

»Du stiehlst, was Tupá mir geschenkt hat«, sagte die Göttin. »Du wirst damit meine Liebe verlieren. Selbst wenn ich nun deine Frau sein muß, wird meine Seele dich nicht mehr lieben, und du wirst unglücklich sein, obwohl du mich und die Macht einer Göttin besitzt.«
Von nun an brauchte Catupirí nicht mehr zu jagen. Jede Beute, die er sich wünschte, lief wie von selbst in seine Hände und ließ sich willig töten. Wollte er schmückende Federn besitzen, waren sie auf einmal da. Verspürte er Appetit auf eine Piña-Frucht, so fand er sie geschält in einem Korb vor seinem Tapuí stehen. Was immer er begehrte, brauchte er nur zu denken und hatte es dann. Das Leben wurde göttlich bequem für ihn.
Am Anfang gefiel ihm dies. Doch dann wollte ihm das Fleisch nicht mehr schmecken, weil es so einfach zu erlegen war. Er wurde nicht hungrig dabei und mußte es essen, obwohl er noch satt von der letzten Mahlzeit war. Die Federn konnten ihn nicht schmücken, weil sie nur bunt waren und nicht mehr Zeichen seiner List und Ausdauer. Die Piña-Frucht mochte so süß sein wie nie zuvor. Ohne die liebende Hand einer Frau gereicht, schmeckte sie schal wie das Wasser eines stehenden Tümpels. Auch seine Frauen bereiteten ihm keine Freude. Die eine verbrannte vor Bosheit und Eifersucht, und die andere verfiel in Krankheit und Trauer. Der Jäger begann, sein Leben als eintönig und freudlos zu

empfinden. Gleichzeitig wuchs seine Angst, eine der Frauen könnte sein göttliches Medium stehlen. Mißtrauisch verfolgte er ihre Bewegungen. Catupirí wurde ein einsamer Mensch.
Als er dies Unglück nicht mehr ertragen konnte, wollte er alles hergeben, wenn er dafür nur die Liebe der Göttin wiedergewinnen würde. Und er fragte die Caa Porá: »Schenkst du mir deine Liebe wieder, wenn ich dir den Stab der Macht zurückgebe?«
Die Göttin schüttelte traurig den Kopf. »Ich will dich nicht täuschen«, sagte sie. »Du hast mich betrogen. Meine Liebe wirst du nie wieder bekommen. Aber Ñandú liebt dich und wird dich vor Liebe fressen. Du wirst sie immer begleiten im ewigen Lauf der Natur. Und das wird mehr Glück für dich sein als der Besitz der göttlichen Macht.«
Catupirí verließ niedergeschlagen die Hütte. Von draußen sah er, wie Ñandú ein Netz über die Caa Porá warf und dann auf sie einschlug. Voller Zorn kam er in das Tapuí zurück.
»Du böse Frau«, rief er. »Von nun an sollst du immer Netze spinnen müssen!«
Er hob den Stab und verwandelte Ñandú in eine kleine schwarze Spinne. Dann wollte er die Göttin aus dem Netz befreien. Doch der Caa Porá gelang es, dem Jäger das Medium der Macht zu entreißen. Mit dem Stab aus

dem Herzen des Lorbeerbaumes wurde sie wieder zur Göttin des Urwaldes.
»Sei auch du eine Spinne«, befahl sie.
Der Jäger schrumpfte zusammen und wurde noch kleiner als Ñandú. Diese hatte die roten Zeichen auf dem schwarzen Körper behalten und begann den Tanz der Liebe zu tanzen. Die kleinere Spinne folgte ihren Bewegungen mit dem betörenden Rot. Und als sich die Spinnen liebten, fraß das Weibchen das Männchen auf.
Seither gibt es am Oberlauf des Rio Paraná Ñandú, die Spinne, die in der Hochzeitsnacht ihren Partner verschlingt. Sie ist so giftig, daß ihr Biß auch den Menschen töten kann.
Die Caa Porá ging in den Urwald zurück. Wohlwollend beobachtet sie Tanz und Gesänge der Jäger, wenn der Lapachobaum blüht. Sie schenkt ihnen aber nur so viel Erfolg, daß keine Tierart leiden muß. So schützt die Beschützerin der Tiere auch die Menschen.

GKing '85

Mainumbí – der Kolibri

Als Tupá die Welt erschaffen und den Menschen gelehrt hatte, in ihr zu überleben, wollte er sich in die ewige Finsternis zurückziehen. Doch da bemerkte er, daß die Geister der Toten den Weg in das Land ohne das Böse nicht kannten. Ohne einen Führer würden sie im Dunkel des Dschungels umherirren und sich vielleicht in bösartige Anguerys verwandeln.
Tupá dachte nach. Und wie er so überlegte, spielte er mit dem Dorn der Kokeropalme. Da erschien eine große, grüne Fliege, die reglos in der Luft zu schweben schien. Jedesmal, wenn sie sich mit Summen bewegte, reflektierte ihr Körper die Sonne in einer anderen Farbe, so daß sie wie ein Regenbogen leuchtete.
Entzückt näherte sich Tupá der Fliege und führte sanft den Stachel der Palme an ihren Kopf. Er lachte, denn der Stachel verwandelte sich in einen feinen Schnabel. Da hatte er seinen Führer. Er mußte nur noch einen Ort finden, wo die Geister auf ihn warten konnten, bis er sie mitnahm. Und weil Tupá die Geister der Menschen schön fand, beschloß er, sie beim Tode des Menschen in Blüten des Dschungels entschweben zu lassen, wo sie schlummern konnten, bis Mainumbí – so nannte

Tupá den Führer – sie suchen und schließlich finden würde.
Mainumbí, der Kolibri, kommt also aus dem Land ohne das Böse in unsere Welt, um die schlummernden Geister aus dem Wald zu holen. Er küßt zärtlich die Blüten und nimmt damit den Geist des Menschen auf. Dann entschwebt er rasch an jenen Ort der ewigen Freude, der einzigen Zuflucht des Menschen beim Untergang der Welt.

Die Zauberflöte

Der Urwald am Oberlauf des Rio Paraná ist auch die Heimat des Tukans. Er ist ein großer Vogel mit schwarzen Federn, die um die Augen blau oder grün, am Schwanz oft rot gefärbt sind. Auffallend an ihm ist sein riesiger Schnabel, der fast so groß wie sein Körper werden kann. Man möchte meinen, daß er damit unfähig wäre zu fliegen. Doch er kann ausgezeichnet fliegen, denn der übergroße Schnabel hat viele Luftkammern und ist daher sehr leicht.

In längst vergangener Zeit lebte einmal eine Frau namens Manacá. Ihr Mann war bei einer Jagd von einem Jaguar getötet worden, und sie mußte seither ihren Sohn Carau alleine großziehen. Sie liebte ihren Mann noch über den Tod hinaus und wollte daher keinen anderen Körper wärmen.

Der junge Carau wollte ein guter Jäger werden wie sein Vater. Er streifte wie einst jener durch den großen Wald und glaubte sich in der Gunst der Caa Porá. Doch eines Tages kehrte er nicht in das Tapuí zurück. Lange wartete Manacá. Es war vergeblich. Ihr einziger Lebenssinn blieb verschollen.

Voller Verzweiflung wandte sie sich an den Schamanen.

Dieser fragte sie, wie er ihren Sohn wieder lebendig machen solle, wenn sie nicht einmal seinen Leichnam hätte. Die Trauer der Frau rührte ihn, und er begann den Tanz der Eingebung. Nach einer Weile hielt er inne. Er nahm einen Bogen und ging in den Wald. Als er wieder zurückkehrte, gab er Manacá den Schnabel eines Tukans. »Mach Löcher hinein und spiele darauf«, sagte der Schamane. »Die Waldgeister werden dann zu dir kommen und deinen Sohn zurückbringen.«
Manacá ging zu ihrem Tapuí zurück. Sie brannte Löcher in den Schnabel des Tukans. Dann begann sie am Feuer auf dieser Flöte zu blasen. Zärtliche Musik schwebte durch den Wald. Sie drang bis zu den Dschungelblüten, in denen die Waldgeister wohnen. Sie kamen zu ihr geflogen und fragten sie, warum sie ihre Ruhe störe.
Manacá bat sie, ihren Sohn zu suchen und wieder zurückzubringen. Die Geister sagten, sie solle die Zeder Ywyra Neery suchen. Ihr Saft sei Teil des ewigen Wassers. Und dort solle sie noch einmal die Melodie spielen. Danach dürfe sie die Flöte nie mehr spielen, denn ein Wunder könne man nur einmal in Anspruch nehmen.
Manacá tat, wie ihr die Geister geheißen. Sie suchte die Zeder Ywyra Neery und spielte noch einmal die Melodie. Die zärtlichen Töne strömten mit dem ewigen Wasser durch den Wald. Als sie die Melodie beendet hatte, warf sie die Flöte ins Feuer.

Am anderen Tag kehrte der verlorene Sohn zu seiner Mutter zurück.

Die Nase von Abbá

Der Kazike Abbá war ein tapferer und mutiger Mann. Seine Feinde fürchteten seine starken Muskeln und seine Lanze. In Schrecken versetzte es sie jedoch, wenn Abbá ergrimmt die Kriegskeule in die Hand nahm. Durch seine Tapferkeit hatte er sich viele Feinde geschaffen. Sie alle warteten darauf, daß Abbá einmal schwach wurde, und dann wollten sie ihn töten.

Eines Tages wollte Abbá von einem längeren Jagdausflug zurückkehren zu seinem Tapuí. Der Bösewicht M'baé Pochy wußte, daß der Kazike an diesem Tag müde sein mußte, und hetzte andere Neider gegen ihn auf. Sie riefen Aña zu Hilfe und lauerten hinter einem Baumstamm auf den Kaziken, am Weg, den dieser zu seinem Tapuí nehmen würde. Als Abbá ohne Arg vorüberging, stießen die Bösewichte ihm ihre Lanzen in den Rücken. Im Augenblick des Sterbens schlug ihm einer von ihnen noch die Nase ab. Sie fiel auf den Boden, neben den sterbenden Körper von Abbá.

Seine Frau und sein Sohn warteten zu Hause vergeblich auf ihn. Als ihr Hunger zu schmerzen begann, gingen sie in den Wald, um ihn zu suchen. Und da fanden sie ihn ermordet auf der Erde liegen.

Abbás Frau und sein Sohn weinten sehr. Sie trugen den Toten auf eine Lichtung im Wald und verbrachten mit ihm die Nacht. Am nächsten Tag weinten sie noch immer, denn sie wußten nicht, wie sie ohne seinen Schutz, ohne seine Zärtlichkeit und ohne sein Essen leben sollten.

Da kam der Vogel Kanidé geflogen, durch den oft die Ahnen zu den Guaraní sprechen. Er hatte die Nase von Abbá im Schnabel, welche die beiden Menschen übersehen hatten. Er kratzte die Erde neben dem Toten auf, legte die Nase hinein und schüttete Erde darüber. Dann flog er krächzend davon.

Kaum hatte er sich in die Luft erhoben, brach da, wo der Kanidé die Nase begraben hatte, die Erde auf. Eine grüne Pflanze wuchs vor den Augen von Mutter und Sohn empor. Sie bekam eine Frucht, die alsbald zu reifen begann. Die Trauernden pflückten sie, als die Frucht reif war, und öffneten ihre papierene Schale. Sie war voll mit goldenen Körnern, die alle wie Abbás Nase aussahen. Auf wunderbare Weise war sie aus dem Grab gekommen, um seine Familie zu ernähren.

Seither ist der Mais – die Nase von Abbá – ein wichtiges Lebensmittel der Völker Guaraní.

Irupé – die Wasserrose

Eines der Wunder im Urwald am Oberlauf des Rio Paraná ist die Rose Irupé. Sie schwimmt mit riesigen Blättern auf stillen, verschwiegenen Teichen, und ihre schönen und weit duftenden Blüten verzaubern jeden Menschen, der sie zu sehen bekommt.

Diese Blume war einst die Guaraní-Prinzessin Irupé. Sie war eine sehr schöne Frau und auserwählt, die Gefährtin eines mächtigen Kaziken zu werden. Als Irupé den Krieger zum ersten Mal sah, verliebte sie sich sofort und träumte bei Tag und Nacht von ihm. Sie konnte es kaum erwarten, das Tapuí mit ihm zu teilen.

Doch herrschte in jener Zeit Krieg unter den Stämmen der Guaraní. Bevor Irupé mit dem Kaziken vermählt werden konnte, verlor er in einer Schlacht sein Leben. Er ließ die Prinzessin in tiefer Trauer allein in dieser Welt zurück. Die Krieger ihres Stammes wollten ihre Verzweiflung über den Verlust des Kaziken im Blut des Feindes ertränken. Irupé aber fand solche Rache sinnlos. In Erinnerung versunken, wanderte sie still weinend durch den Wald an den Dörfern ihres Stammes vorbei. Die Leute, die sie erblickten, glaubten, sie sei eine Täuschung ihrer Sinne, ein Schmerz, der einen Körper bekommen hatte.

GKing, '85

Sie wanderte weiter, auch als längst alle Pfade zu Ende waren, immer tiefer in den Wald, ohne auf ihren Weg zu achten. Und als sie an einen Teich gelangte, ging sie geradeaus weiter, bis das Wasser über ihr zusammenschlug. Es kam die Nacht. Und die Prinzessin verwandelte sich in die große Rose im Wasser, welche wir Irupé nennen.

Die Rache der Sperber

Die Sperber fressen am liebsten Schildkrötenfleisch. Um aber an diesen Leckerbissen zu kommen, müssen sie erst den Panzer aufbrechen. Sie packen die Schildkröte mit ihren Krallen und fliegen mit ihr in die Luft. Aus einiger Höhe lassen sie dann ihr Opfer auf den Boden fallen. Der Panzer zerbricht und gibt das köstliche Fleisch des Tieres frei.

Wie die Sperber das Schildkrötenfleisch entdeckten, erzählt folgende Geschichte.

Vor langer Zeit lebte am Oberlauf des Paraná eine Sperberfamilie. Eines Tages kehrte der Vater nicht mehr von der Jagd zurück. Die Mutter und die Jungen suchten ihn überall und fanden ihn schließlich ermordet am Ufer eines stillen Flusses.

Traurig standen sie am Strand und beklagten den Tod ihres Vaters und Gatten. Doch als sie den Yacaré – den Kaiman – ans Ufer kriechen sahen, da wollten sie nur noch bittere Rache. Der Yacaré mußte der Mörder sein. Der Yacaré ließ sich gerade schläfrig am Strand nieder und wollte sich von der wärmenden Mittagssonne streicheln lassen. Von weitem konnte man ihn für einen rissigen Baumstamm halten.

»Yacaré«, rief der älteste Sohn der Sperber. »Heute morgen fanden wir unseren Vater tot auf. Jemand hat ihn getötet. Zwischen seinen Federn war Sand. Du also mußt der Mörder sein!«
Der Yacaré öffnete seine Krokodilsaugen und blickte ungläubig auf die Schar der Vögel. Er riß sein furchterregendes Maul auf und brüllte mit heiserer Stimme: »Was erlaubt ihr euch, freche Vögel? Wenn ich euren Vater ermordet hätte, wäre er von mir verschlungen worden, und keine Spur hättet ihr gefunden. Laßt mich zufrieden, sonst fresse ich euch!«
Erschrocken wichen die Sperber zurück. Da sahen sie eine Schildkröte im Fluß schwimmen. Und alle glaubten, in ihrem Panzer eine Feder ihres Vaters erkennen zu können. So hatten sie also den Mörder gefunden. Aber wie konnten sie die Schildkröte aus dem Wasser locken?
Die Mutter Sperber entdeckte am Ufer im Sand Schildkröteneier, und ihr fiel eine List ein. »Welch wunderschöne Schildkrötenkinder sind geboren worden«, rief sie laut über das Wasser. »Wie glücklich muß da die Schildkrötenmutter sein!«
Die Schildkröte hörte dies. Sie war sehr überrascht über die frühe Geburt ihrer Kinder und kam neugierig an den Strand. Kaum hatte sie das Ufer betreten, um mit tolpatschigem Gang ihr Nest zu erreichen, stürzte sich der

älteste der Sperber auf sie, packte sie mit seinen Krallen und flog mit ihr hoch in die Luft. Von oben ließ er sie auf die Erde fallen. Der Panzer zerschmetterte, und die ganze Sperberfamilie fiel über sie her. Als sie die Schildkröte mit ihren Schnäbeln töteten, schmeckten sie, wie köstlich ihr Fleisch war, und sie beschlossen, den Tod ihres Vaters an jeder Schildkröte zu rächen.

Der Cabureí

Im Urwald am Oberlauf des Rio Paraná lebt eine kleine Eule. Die Guaraní nennen sie Cabureí. Es ist ein sehr merkwürdiger Vogel, denn er jagt nicht des Nachts, wie alle anderen Eulen, sondern immer nur bei Tag. Dabei frißt der Cabureí selbst solche Raubvögel, die doppelt so groß und doppelt so stark sind wie er. Das Unheimliche an ihm ist nämlich seine Art zu jagen. Er verfolgt weder seine Beute noch kämpft er mit ihr. Er strengt sich überhaupt nicht an. Wenn er hungrig ist, stößt er einen schrillen Pfiff aus. Darauf fliegen alle Vögel des Waldes, die ihn gehört haben, in seine Nähe und lassen sich auf den Zweigen nieder. Wie hypnotisiert starren sie den Cabureí an. Dieser sucht sich den schönsten aus und fällt gierig über ihn her. Jede andere Kreatur würde sich wehren, wenn sie vom Adler oder Falken angegriffen wird, solange ein Funken Leben in ihr ist. Nicht so beim Cabureí. Seine Beute läßt sich widerstandslos töten und auffressen.
Selten gelingt es dem Menschen, einen Cabureí zu erlegen. Seine Federn haben die magischen Kräfte des lebendigen Vogels. Wenn zum Beispiel eine Frau einen Mann haben möchte, und dieser verweigert sich ihr,

dann kann sie ihn mit der Feder des Cabureí gefügig machen. Das gleiche gilt auch, wenn es einem Mann nicht gelingt, die Liebe eines Mädchens zu erringen. Mit der Feder des Cabureí wird er die Umworbene gewinnen. Woher kommen die Zauberkräfte des Vogels?
Vor sehr langer Zeit tobte einmal ein ungewöhnliches Unwetter über das Land der Guaraní. Als es vorüber war und der Regen trocknen sollte, verfinsterte sich die Sonne. Ein Schatten zog über die Welt und verbreitete grauenvollen Schrecken.
Eine Gruppe von Guaraní hatte in einer Höhle Schutz gesucht. Die Frau des Kaziken erwartete ein Kind und bekam nun die Wehen. Als der Schatten verschwand und die Guaraní sich von ihrer Furcht befreiten, wurde das Kind geboren. Die Frau des Kaziken starb jedoch im selben Augenblick, in dem das Kind die Augen öffnete. Es war ein Knabe. Die Guaraní nannten ihn Cabureí. Er hatte die Augen einer Eule.
Dieser Knabe weinte nicht. Er pfiff wie ein unheimlicher Vogel. Ein seltsames Glühen trat dann in seine Augen. Kein Mensch konnte ihn anschauen. Als er älter wurde, konnte er mit seinem Pfeifen die Menschen unbeweglich machen.
Der Knabe wurde ein stattlicher Jüngling. Alle Stammesangehörigen ließen sich von seinen Eulenaugen verzaubern. Er wurde der beste Jäger im ganzen Land. Und als

die Zeit gekommen war, erbte er die Häuptlingswürde seines Vaters.
Doch von da an änderte sich das Leben des Stammes. Seine Herrschaft war nicht schrecklich, nicht unbeherrscht und nicht gewalttätig. Im Gegenteil! Er war ein sanfter und ausgeglichener Mann. Aber jeder Guaraní verspürte Furcht, sobald er den Häuptling ansah, und fiel vor ihm auf die Knie. Cabureí sprach nicht zu ihnen. Er stieß einen Pfiff aus. Alle scharten sich dann um ihn und starrten ihn an wie einen Gott. Niemand wagte mehr ein Fest zu feiern. Jede Frau mußte ihm zu Willen sein. Er schritt jeden Tag durch das Dorf und suchte sich eine andere aus. Gleichgültig, ob die Erwählte ihn mochte oder verabscheute, sie ging mit ihm mit, verzaubert durch seinen diabolischen Blick.
So erfolgreich wie bei der Jagd wurde Cabureí auch im Kampf. Gegen alle Nachbarn führte er Krieg und unterjochte die Völker. Bald hatte der Stamm keine Freunde mehr. Cabureís diabolische Augen beherrschten das Land. Die Menschen mußten ihn furchtvoll anbeten. Sie verloren ihre Ehre dabei. Wie konnten sie sich gegen den sanften und teuflischen Tyrannen wehren?
Irgendwo begannen die Menschen wieder zu tanzen und heilige Melodien zu singen. Je länger sie tanzten und sangen, um so verständlicher wurden ihnen die Stimmen der Waldgeister. Sie flüsterten ihnen zu, daß

Cabureí Añas Sohn sei. Sie hatten dem Bösen gedient! Immer mehr Guaraní folgten dem Rhythmus und stimmten in die heiligen Melodien ein.

Als Cabureí dies hörte, wollte er die Menschen durch seinen Pfiff und seine glühenden Augen wieder in seinen Bann zwingen. Die Menschen waren jedoch durch Tanz und Gesang im Bann der Waldgeister, und er konnte sie nicht mehr erreichen.

Da zog ein Unwetter auf. Wie bei seiner Geburt tobte es ungewöhnlich heftig über das Land der Guaraní. Als es vorüber war und der Regen trocknen sollte, verfinsterte sich die Sonne. Ein Schatten zog über die Welt und verbreitete grauenvollen Schrecken. Nur Cabureí hatte keine Angst. Er starrte mit Eulenaugen in den verdunkelten Himmel. Doch dann traf ihn ein Blitz. Cabureí verbrannte zu Asche. Aus der Asche sahen die Guaraní einen Vogel schlüpfen. Der Vogel entschwand in den Wald. Aña hatte seinen Sohn gerettet und ihn zum diabolischen Kaziken der Vögel gemacht.

Der Baum Isapy

Im Urwald am Oberlauf des Rio Paraná gibt es eine Jahreszeit, in der es sehr heiß wird. Mittags steht dann ein glühender Feuerball über der Welt und versengt die Pflanzen und verbrennt die Erde. Nicht einmal die dicken Fliegen trauen sich da aus dem schützenden Blätterdach des Waldes. Hier wächst ein Baum, den die Tiere um diese Zeit besonders schätzen. Er läßt Regen aus seinen Blättern fallen. Je heißer und trockener es wird, um so kühler ist sein rieselndes Wasser. Es ist, als wolle der Baum die Erde vor dem Austrocknen bewahren. Die Guaraní nennen ihn Isapy.

Vor sehr langer Zeit war Isapy eine junge und sehr schöne Frau. Alle jungen Männer des Stammes umschwärmten sie und träumten von ihr. Es kamen sogar Kaziken aus fernen Ländern, um sie zu umwerben. Jeden Tag lagen viele Geschenke vor ihrem Tapuí: leuchtende Federn des Yasi-Yateré, spiegelnde Steine aus den Bruchstellen der Berge oder feurige Blüten des Ceibobaumes.

Isapy jedoch schätzte dies alles nicht sonderlich und lachte über die Freier. Das einzige, was ihr gefiel, war ihre eigene Schönheit. Weder sanfte und weise noch erfolgreich jagende Männer vermochten sie zu ändern.

Eines Tages ging Isapy im Urwald spazieren. Auf ihrem Weg zu einer Lagune, in der sie ihre Schönheit bewundern wollte, traf sie eine fremde Frau mit einem Kind an der Brust. Die Frau sagte, die Hitze hätte sie schwach gemacht, und das Kind und sie litten großen Durst; sie wüßten nicht, wo hier eine Quelle sei. Die Frau bat Isapy, rasch zu dieser Quelle zu gehen und Wasser zu holen, da sie sonst verdursten müßten.
Isapy war beleidigt über diese Bitte. Wie konnte die Fremde solches von ihr verlangen? Die besten Jäger verehrten sie und brachten ihr die schönsten Dinge der Welt. Nie würde sie die Erde bearbeiten oder ein Tapuí selbst bauen müssen. Isapy glaubte, daß selbst die Geister der Ahnen sich vor ihr verneigen würden. Verächtlich wandte sie sich von der Dürstenden ab.
In ihrer Verzweiflung sang die Mutter die heilige Melodie der Ahnen. Diese hörten das Lied und ließen sich von einem Mainumbí zu Tupá bringen, um ihm von dem Hochmut und der Hartherzigkeit der schönen Isapy zu berichten. Tupá hörte die Ahnen und hörte auch das Lied der dürstenden Frau und das Weinen des dürstenden Kindes. Bevor Isapy sich weiter entfernen konnte, verwandelte Tupá sie in einen regnenden Baum. Voller Staunen über dieses Wunder löschten Mutter und Kind an dem kühlen Naß des regnenden Baumes ihren Durst.

Der Baum Isapy steht noch immer im Urwald am Oberlauf des Rio Paraná, in dem noch viele andere Wunder geschehen.

Wie die Großen Wasserfälle entstanden

Zu einer Zeit, als die Menschen noch die Sprache der Tiere verstanden, lebte im Urwald am Ufer des Rio Iguazú ein mächtiger Kazike. Sein Stamm war sehr kriegerisch, doch nicht unehrenhaft, darauf war der Kazike sehr stolz. Sein größter Stolz aber war seine Tochter Naipí. Sie wuchs zu einer anmutigen Schönheit heran. Und als sie eine Frau werden sollte, wollten sogar die feindlichen Völker für sie streiten.

Der Schlangengott Mboy hörte von Naipís Schönheit, war jedoch voller Zweifel, weil er nicht alles glauben mochte, was Menschen so reden und Geister sich zuflüstern. Als er aber Naipí den Tanz der Ñande Sy tanzen sah, verliebte er sich unsagbar in sie und wollte sie heiraten. Er trat vor den Kaziken und warb um sie. Der Kazike war geschmeichelt, daß ein Gott um seine Tochter warb. Mit einem Gott in der Familie würde sein Stamm noch mächtiger werden. Er willigte in die Hochzeit ein und begann sofort mit den Vorbereitungen.

Naipí indes war verzweifelt. Sie liebte seit ihrer Kindheit den Krieger Tarobá, der zwar kein Gott, dafür aber voll neckischer Zärtlichkeit war und mit seinem Wesen viel

Freude bereiten konnte. Obwohl sie nicht wußte, welchen Trost er ihr zu geben vermochte, ging sie weinend zu ihm hin. Tarobá war bereit, sich dem Begehren des Gottes und dem Beschluß des Kaziken zu widersetzen. Er wollte mit Naipí in einem Kanu den Rio Iguazú stromab fliehen. Man gelangt dann in den Rio Paraná, und wenn man seinem Lauf folgt, kommt man in kühlere, fremde Länder.

In der Hochzeitsnacht brachen beide auf. Als der Schlangengott Mboy Naipí zur Frau nehmen wollte, schwamm sie bereits mit Tarobá auf dem Iguazú, auf der Flucht vor dem Gott in ferne Länder.

Beleidigt und rasend vor Zorn erhob sich Mboy in die Luft. Da entdeckte er das kleine Kanu der Fliehenden. Mboy stürzte sich wütend hinab und schlug so gewaltig in den Fluß, daß Ufer und Berge zerschmettert wurden und die ganze Erde abbrach. Das Kanu der Liebenden wurde von den brodelnden Wassern in die Tiefe gerissen. Mboy aber ließ sie nicht sterben. Er verwandelte Tarobá in einen Baum, der am Rand der Wasserfälle stehen mußte, und Naipí in einen Felsen auf der anderen Seite der Schlucht, damit sie ihren Geliebten nie wieder berühren konnte. Dann legte er sich lachend ins Flußbett, um sich daran zu weiden, was er angerichtet hatte. Der Rio Iguazú schiebt seither seine roten Fluten um diesen Bruch herum und stürzt tosend in einen Canyon,

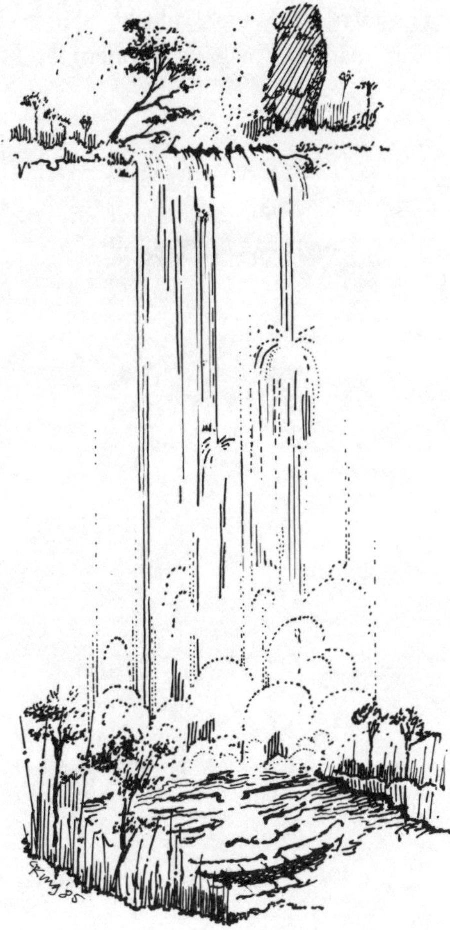

den die Fremden die Teufelsschlucht nennen. Noch immer kann man hier Mboys donnerndes Lachen hören.

Mandio – die nährende Wurzel

Vor sehr langer Zeit, als die Guaraní sich nur von der Jagd und von den wilden Früchten des Waldes ernährten, lebte ein Mädchen, das sehr verunstaltet war, fast gelähmt, mit übergroßen, deformierten Händen. Auch ihre Beine waren dick, und sie schleppte sich mühsam vorwärts. Kein Mann wollte sie haben. Sie litt sehr darunter, daß sich niemand an ihr wärmen würde. Natürlich ließen die Jäger sie nicht hungern. Sie brachten ihr jedesmal Früchte und Fleisch mit, wenn sie heimkamen. Und sie mußte diese Wohltaten annehmen, ohne jemals etwas Gutes dafür tun zu können. Dabei wäre sie so gerne ihrem Volk irgendwie nützlich gewesen.

Als das Jagdglück die Guaraní verließ und sie mit immer weniger zurückkamen, wurde ihre Sehnsucht stärker. Wie konnte sie ihrem Volke nützlich sein? Wie konnte sie dem Stamm ihre Dankbarkeit zeigen? Und sie dachte an nichts anderes mehr.

Tupá spürte ihre Sehnsucht. Eines Nachts erschien er ihr im Traum und sagte ihr, was sie tun könne, um ihrem Stamm zu dienen. »Du wirst am Ende nicht mehr allein in einem Tapuí sein, sondern vereint mit deinem

Volk, und es wird dir ewige Zeit dankbar sein.« Und er fragte sie, ob sie es tun wolle. Überglücklich stimmte sie zu.

Am nächsten Tag rief sie ihre Eltern und bat, sie mögen sie an den Ort tragen, wo der Blitz den Wald verbrannt und eine Lichtung geschlagen habe. Die Eltern mußten dort ein Loch graben und das Mädchen hineinsetzen. Danach sollten sie es allein lassen. Sie sollten erst am nächsten Morgen wiederkommen.

Als die Eltern am anderen Tag wiederkamen, fanden sie auf der Lichtung anstelle ihrer Tochter nur eine fremde Pflanze. Sie war über einen Meter hoch und hatte Blätter, die an die übergroßen Hände der Tochter erinnerten. Neugierig räumten sie die Erde weg. Die Pflanze hatte dicke Wurzeln, wie die Beine des Mädchens gewesen waren. Und sie entdeckten, daß die Wurzeln Nahrung waren. Die Guaraní nannten die Pflanze Mandio.

Diese Wurzeln sind seither die wichtigste Nahrung des Volkes Guaraní und anderer Völker. Auch die Fremden übernahmen sie, und nennen sie Mandioka. Sie wachsen, wann immer man will, indem man ein Blatt einer alten Wurzelstaude abreißt und in die Erde steckt. Ohne die Mandio-Gärten bei unseren Tapuís würden die Guaraní am Hunger zugrunde gehen. So sind wir jenem verunstalteten Mädchen ewig dankbar, wie Tupá es gesagt hat.

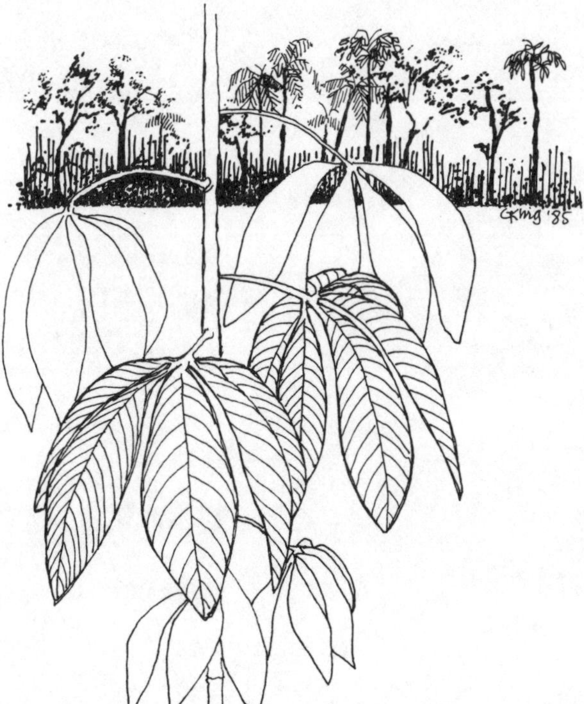
GKing '85

Der Zaubergesang der Anaí

Der Urwald am Nordufer des Rio Paraná ist die Heimat des Guaraní-Volkes vom Stamm der Guajakí. Dieses Volk duldet keine Fremden in seinem Land und bewacht eifersüchtig seine Heimaterde. Seine Männer sind daher sehr kriegerisch und wild. Nie wollen sie eine Schlacht verloren geben.

Einst lebte hier eine junge Frau namens Anaí. Sie war nicht nur schön, sondern hatte auch ein sanftes und freundliches Wesen. Sie lächelte mit stummem Mund und sprechenden Augen. Wenn sie sprach, tat sie es mit so süßer Stimme, daß jeder ihr zuhören wollte. Doch wenn sie sang, betörte sie nicht nur die Männer und Frauen und Kinder ihres Stammes, auch die Vögel verstummten, und Tapire und Hirsche kamen, um ihr zu lauschen. Sogar der Paraná verhielt seinen Lauf, ergriffen von ihrem Gesang. Es waren die schönsten Lieder ihres Volkes.

Anaí liebte ihre Heimat sehr und wanderte oft allein durch den Urwald, um mit den Blumen, den Vögeln und den Tieren des Waldes zu sprechen. Dabei fielen ihr immer wieder neue Lieder ein, mit denen sie anschließend ihren Stamm erfreute.

Eines Tages kam ein großer Vogel mit weißen Flügeln den Fluß heraufgeschwommen. Aus seinem Bauch stiegen Männer mit roten Bärten, die sich in Metall gehüllt hatten, das in der Sonne blitzte und blinkte, so daß man davon geblendet war. Es waren seltsame Monster, die sich durch nichts von ihrem Weg abbringen ließen.
Der Stamm der Guajakí fürchtete sich vor diesen Monstern, weil man glaubte, sie kämen vom bösen Geist Aña. So beschlossen die Männer, die unheimlichen Fremden mit Gewalt wieder fortzujagen.
Sie begannen den Kampf. Er dauerte tagelang und wochenlang und kostete die tapfersten Krieger das Leben. Die Tapuís brannten, und die Erde trank das Blut auch von Frauen und Kindern. Die Monster ließen sich nicht vertreiben. Der Stamm der Guajakí wurde sogar in die unwirtliche Wildnis der nördlichen Sümpfe gedrängt. Großes Leid kam über das tapfere Volk.
Als Anaí das sah, konnte sie nicht mehr singen. Sie wollte kämpfen wie die Männer und den Krieg gegen die blitzenden Monster mitfechten, obwohl sie schwach und noch sehr jung war. Und sie zog mit in die Schlachten, wie der tapferste Krieger. Ihre Stimme sang nicht mehr. Sie feuerte Männer und Frauen zum Kampf an. Und es gelang, dem Feind Einhalt zu gebieten.
Eines Tages wurde sie gefangengenommen. Sie konnte jedoch in der Nacht ihre Fesseln lösen. Mit einem einzi-

gen Hieb schlug sie ihren Bewacher nieder und floh in den Urwald zurück. Ihre Verfolger holten sie aber ein und riefen, sie sei eine Hexe. Keine menschliche Frau könne einen ihrer Krieger mit einem Schlag töten. Und sie riefen, daß sie solch Teufelin verbrennen wollten, wie das bei ihnen üblich sei.

So schichteten sie Holz auf und banden Anaí an den Marterpfahl. Dann legten sie das Feuer. Als Anaí das gierige Lecken der Feuerzungen spürte, vermochte sie nicht vor Schmerzen zu schreien. Sie mußte singen. Und sie sang zu ihrem Volk, zu den Blumen, den Vögeln und den Tieren des Waldes, sie sang zu den Geistern der Ahnen und sie sang flehend zu Tupá, der diese Welt geschaffen und die doch nicht böse sein konnte, er möge ihren qualvollen Tod in Gutes verwandeln. Tupá hörte ihre Stimme, und ihr Gesang rührte ihn. Als Anaí starb, verwandelte sie sich in einen Baum und das Feuer in rote Blüten.

Dies ist der Ceibobaum, der seither an verschwiegenen Plätzen im Urwald steht und die Sinne mit flammend roten Blüten verwirrt. Er ist eines der schönsten Wunder im Urwald am Oberlauf des Rio Paraná. Die Guaraní betrachten ihn mit Ehrfurcht und hören ergriffen Anaís Zaubergesang, der aus den flammenden Blüten in diese Welt klingt.

Das Kunstwerk Ñandutí

Im Urwald am Oberlauf des Rio Paraná lebte einst ein flinker Jäger mit Namen Arasá. Er teilte sein Tapuí mit einer sehr fleißigen Frau, die alle Fasern des Waldes kannte und daraus wunderschöne Muster flechten konnte. Die Frau hieß Ñandutí. Wegen ihres Fleißes und ihrer Kunstfertigkeit wurde sie vom ganzen Stamm geliebt.

Eines Tages ging Arasá in den Wald, um frisches Fleisch und frische Früchte zu holen. Seine Frau Ñandutí blieb allein in dem Tapuí zurück und begann zu flechten.

Als die Nacht nahte, kam Arasá nicht zurück. Ñandutí wartete auf ihn beim Schein des Feuers und flocht die ganze Nacht hindurch. Das Feuer hielt ihr die Kühle der Nacht fern, und wenn sie die Augen schloß, mochte sie glauben, es sei die Wärme von Arasá. Stumm kauernd verbarg sie ihre Sehnsucht nach seiner Liebe, und als der Morgen kam, saß sie noch immer über ihre Arbeit gebeugt und wartete auf den Jäger Arasá.

Da kam ein Vogel mit gelber Brust geflogen und rief: »Schlechte Nachricht.« Ñandutí hörte den Ruf des Boten, und sie begann sich einsam zu fühlen. Sie hatte verstanden, Arasá war gestorben, der Vogel Pitogué irrt

sich nie. Sie flocht an ihrer Arbeit weiter, Stunde für Stunde, Tag für Tag, ohne je aufzustehen oder auch nur aufzusehen.
Nach einigen Tagen fanden die Jäger des Stammes den Leichnam von Arasá. Sie erkannten, daß ihn der Biß der Schlange Yarará vergiftet hatte. Sie hoben ihn auf und trugen ihn zu seinem Tapuí. Und da lag auch seine Frau Ñandutí tot über ihre Arbeit gebeugt, die sie fest in Händen hielt. Da nun beide tot waren, verbrannten sie das Tapuí, wie es bei den Guaraní Brauch ist, und stimmten die heiligen Gesänge der Ahnen an. Das Feuer fraß auch die Kunstwerke Ñandutís. Die Flechtkunst der Guaraní wäre damit beinahe verlorengegangen.
Doch aus der Asche der verbrannten Hütte wuchs eine Pflanze mit einer seltsamen Blüte. In den Blütenblättern waren die wunderschönen Muster gezeichnet, die Ñandutí immer geflochten hatte. Und auf die Blüte setzte sich eine Spinne, die die Muster der Blüte nachzuspinnen begann. Die Guaraní nannten die Blüte Arasá und die Spinne Ñandutí.
Heute flechten die Frauen das Spinngewebe mit den Mustern der Blume nach, und sie nennen ihr herrliches Kunsthandwerk Ñandutí.

Der Vogel Chajá

Im Urwald am Oberlauf des Rio Paraná lebt ein sehr merkwürdiger Vogel. Er hat dunkle Federn und sieht sehr groß aus. Die Guaraní nennen ihn Chajá. Seine Größe aber täuscht er nur vor. Denn in Wirklichkeit sind seine Muskeln voller Luftkammern. Und der Jäger, der ihn erlegt, ist dann über das wenige Fleisch sehr enttäuscht. Die Guaraní nennen daher auch einen Mann, der viel verspricht und nichts hält, einen Chajá – einen aufgeblasenen Wichtigtuer.

Der große Vogel Chajá nutzt seinen luftgefüllten Körper sehr geschickt. Er kann lange Zeit hoch über den Wäldern, Flüssen und Sümpfen schweben, ohne zu ermüden. Und mit seinem krächzenden Geschrei »Chajá! Chajá!« verjagt er die Feinde der Tiere. Die Guaraní nennen ihn deshalb auch den Wächter der Sümpfe.

Wenn man diesen Vogel jung einfängt, gewöhnt er sich an das Leben der Menschen und dient ihnen mit seiner Wachsamkeit. Naht ein Feind oder schleicht sich ein wildes Tier heran, dann warnt er seine Familie mit dem Ruf »Chajá! Chajá!«, und die Krieger haben Zeit, ihre Verteidigung vorzubereiten.

Vor sehr langer Zeit wollte Tupá einmal prüfen, ob alle

Menschen hilfsbereit und gut sind, die in der von ihm geschaffenen Welt leben. Er erteilte der Mondgöttin Yasí den Auftrag, in Gestalt einer alten Frau durch das Land der Guaraní zu ziehen. So geschah es. Die Mondgöttin kam zu uns und wanderte durch das Land der Guaraní. Sie wurde von allen Menschen gut aufgenommen, denn die Guaraní sind sehr gastfreundlich zu allen Fremden, die ohne Arg ihr Land besuchen. Und wenn die Göttin ging, ließ sie die Menschen in heiterer und ausgeglichener Stimmung zurück.

Eines Tages litt sie unter großem Durst, konnte jedoch in dem fremden und wilden Wald keine Quelle finden. Nach langem Wandern traf sie drei Mädchen, die einen Krug Wasser zu ihrem Tapuí trugen. Yasí bat sie um einen Schluck aus diesem Krug. Die Mädchen aber lachten dreist und verschmutzten das kostbare Wasser mit Unrat, bevor sie den Krug der Alten reichten. Dann verspotteten sie die Mondgöttin und liefen mit verletzendem Lachen davon. »Jaha! Jaha! – Gehn wir! Gehn wir!« riefen sie dabei. Ein Papagei sah, wie schlecht die Mondgöttin von den Mädchen behandelt wurde, und flog zu Tupá, um ihm dies ungehörige Betragen zu berichten. Tupá wurde sehr zornig und schleuderte einen Blitz zu den Mädchen. Während sie noch liefen, verwandelten sie sich in drei große, dunkle Vögel, und ihr »Jaha! Jaha!« wurde zum krächzenden Schrei »Chajá! Chajá!« aus Vogelkehlen.

GKMO '85

Die Lehren der Yarará

Vor langer Zeit, als die Menschen noch die Sprache der Tiere verstanden, wanderte der erste Guaraní in den Urwald am Oberlauf des Rio Paraná. Die Tiere des Waldes verfolgten ihn neugierig. Er war größer als die Affen und ihnen sehr ähnlich, jedoch kaum behaart, und sah nicht sehr gefräßig aus. Viele Tiere waren der Meinung, daß solch ein sanftes Wesen nicht lange in ihrem Wald am Leben bleiben würde.

Bei einem Unwetter entzündete ein Blitz das Gras einer Lichtung. Alle Tiere flohen vor dem sich ausbreitenden Feuer. Nur der Mensch beobachtete furchtlos die Flammen. Da hörte er aus dem Feuer einen Ruf: »Rette mich!« Der Mensch schlug mit Zweigen die Flammen nieder und hob eine Schlange empor. Es war die Schlange Yarará. Doch kaum war sie aus der Todesgefahr, wollte sie sich auf den Menschen stürzen, um ihn zu töten.

»Du Verräterin«, rief der Mensch. »Du willst deinen Retter töten?«

»Das ist das Gesetz des Lebens«, sagte die Yarará. »Wer Gutes tut, wird nur mit Bösem belohnt.«

»Das ist nicht wahr«, rief der Mensch. »Meine Ahnen haben mich anderes gelehrt.«

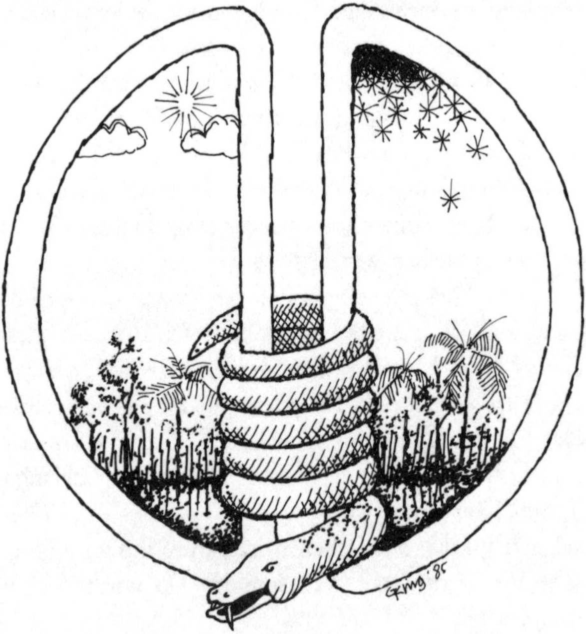
GKing '85

»Sie haben geirrt«, antwortete die Schlange. »Ich will großmütig sein und dir beweisen, daß meine Lehren die wahren sind. Wenn ich dir dreimal gezeigt habe, wie Gutes mit Bösem belohnt wird, werde ich dich töten.«
Die Yarará klammerte sich um den Hals des Menschen und befahl ihm, aufzubrechen.
Sie kamen an einen Bach. Und sie hörten, wie das Wasser murmelte: »Allen gebe ich kostbares Wasser zu trinken, aber alle treten in mein Bett und verunreinigen es.«
»Das war der erste Beweis«, sagte die Yarará.
Sie gingen weiter und gelangten zu einer Palme. Ihr Stamm war verwundet, der Saft des Lebens floß aus der aufgerissenen Rinde. Die Palme weinte: »Allen gebe ich Früchte zu essen, allen spende ich Schatten. Aber alle reißen meinen Stamm auf, um auch noch meinen Saft zu trinken.«
»Das war der zweite Beweis«, sagte die Yarará.
Sie gingen weiter und trafen einen Hund. Er hielt seine rechte Pfote in einen Sack und jaulte: »Ich habe einen verwundeten Jaguar geheilt. Aber zum Dank hat er mir meine rechte Pfote zerfleischt.«
»Was hast du da in dem Sack«, rief der Mensch, bevor die Schlange ihn töten konnte.
»Einen Kürbis voll Milch und Honig, um meine Wunde zu heilen«, antwortete der Hund.

Die Yarará war naschhaft. Sie sprang vom Hals des Menschen und schlängelte sich neugierig an den Sack. Der Hund öffnete ihn, und die Schlange sprang hinein, um die süße Milch zu trinken. Da band der Hund den Sack schnell zu und schlug ihn gegen einen Baumstamm, bis die Yarará tot war. Dann sagte er zu dem Menschen: »Du bist gerettet, Kamerad.«
Seither sind Mensch und Hund Freunde.

Teyu – der Drache

Am Südufer des Alto Paraná gibt es einen Felsen von roter Farbe, der sehr hoch ist und steil in den Rio Paraná fällt. In diesem Felsen ist eine Höhle, die immer wieder von Drachen bewohnt gewesen ist. Die Guaraní nennen ihn daher den Teyu cuaré – den Drachenfelsen.
Vor langer Zeit hauste in dieser Höhle ein außergewöhnlich schrecklicher Drache. Er war ein solch gefräßiges Ungeheuer, daß alle Menschen von entsetzlicher Furcht erfüllt waren. Immer wieder raubte er Kinder und Frauen, und viele mutige Krieger wurden von ihm zerrissen, wenn sie ihre Familien schützen wollten. Manch tapferer Kazike, der auszog, um das Land von dem Drachen zu befreien, ging mit seinen Männern in einen grausigen Tod. Niemand vermochte den Drachen zu töten. Es war, als ob Aña und alle bösen Geister sich mit dem Untier verbündet hätten.
Eines Morgens trat ein fremder Jüngling vor den Kaziken und sagte: »Ich werde in den Teyu cuaré gehen und den Drachen bekämpfen, bis er tot ist.«
Da begannen die Frauen zu weinen. »Welch edler und mutiger Jüngling«, riefen sie. »So schön und so stark! Der Drache wird ihn zerreißen und auffressen!«

Der Jüngling lachte und sagte: »Habt keine Angst um mich. Ich werde den Drachen besiegen.«
»Mein edler Fremdling«, sagte der Kazike, »du bist stark, mutig und stolz. Doch höre: Schon viele tapfere Krieger gingen in die Höhle. Noch nie ist einer zurückgekommen. Und es waren die Besten meines Stammes dabei.«
»Ich habe einen Zauber«, entgegnete der Jüngling. »Damit kann ich das finsterste Untier töten.«
Sprachs und machte sich auf den Weg in die Drachenhöhle. Die Männer, Frauen und Kinder des Stammes begleiteten ihn bis in die Nähe der Höhle. Allein und ohne Waffen ging der Jüngling hinein.
Lange Zeit warteten angstvoll die Menschen, und sie wurden betrübt und mutlos dabei, weil wohl auch dieser edle Fremde von dem Untier zerrissen worden war. Doch da erfüllten ein tobendes Geheul und Blitz und Gestank die Luft! Das Ungeheuer wankte heraus, stolperte, geblendet von der Sonne, und fiel heulend zu Boden. Zuerst wollten alle Guaraní fliehen. Aber die Kühnsten von ihnen erkannten, daß sie diese Schwäche des Drachens zu ihrem Vorteil nutzen mußten. Sie stürzten sich mit ihren Lanzen auf das gefräßige Ungeheuer und stießen so oft zu, bis es getötet war.
Der Jüngling schritt heiter lächelnd aus der Höhle. Die Guaraní umringten ihn tanzend und stimmten die heiligen Lieder der Freude an.

RMG '85

»Zeige uns deinen Zauber«, riefen sie, »der so mächtig war, diesen Drachen zu vernichten!«
Aber der Jüngling hatte weder Steine noch Federn bei sich. Lächelnd zeigte er den Guaraní seine geschlossene Hand.
»Hier ist der Zauber«, rief er und öffnete die Hand.
Es war nur ein Lichtstrahl.

Der Strauch Caapi Ñaro

Im Urwald am Oberlauf des Rio Paraná lebte einst ein Guaraní-Stamm mit zahlreichen mutigen und tapferen Kriegern. Zu ihnen ging Aña, um sie zu lehren, wie sie zu ihrem Mut und ihrer Tapferkeit auch noch gewalttätig, heimtückisch und grausam werden konnten. Diese Krieger fielen dann über friedliche Dörfer her, raubten sie aus und zerstörten sie.
Es war zu der Zeit, als der große Schamane Payé Zumé durch das Land zog und die Menschen lehrte, welche Jagdregeln der Göttin Caa Porá zu befolgen waren, wie man Mandioka und Mais pflanzt und wie Yerbablätter seelisches Leid lindern können. Payé Zumé berichtete aber auch von dem Land ohne das Böse und lehrte, daß nur edelmütige Krieger oder friedfertige Menschen dieses Land finden können, aber nie gewalttätige, heimtückische und grausame. So sei der Wille des Schöpfers Tupá.
Als Payé Zumé von jenem grausamen Stamm hörte, brach er zu ihnen auf, um sie von diesem Leben zu erlösen. Als er in ihr Dorf kam, waren sie gerade dabei, mit Chicha und Menschenfleisch einen blutigen Sieg zu feiern. Payé Zumé rief ihnen zu, daß sie dies alles nur in

niederträchtiger Kriegslust tun würden und dies ihr Verderben sei, wenn sie seine Lehren nicht befolgen sollten.

Da bekamen die Krieger Angst und sie baten Payé Zumé, er möge ihnen den rechten Weg des Lebens zeigen. Also lehrte er sie, wie man Mandioka und Mais pflanzt und wie man die Früchte kochen muß. Er lehrte sie die richtigen Regeln für die Jagd und den Fischfang, und er unterwies sie darin, gute Familien zu werden. Und er erzählte ihnen von dem Land ohne das Böse. So wurde aus dem kriegerischen ein friedlicher Stamm und alle seine Männer, Frauen und Kinder sanfte und ausgeglichene Menschen. Als Payé Zumés Arbeit getan war, verließ er das Dorf, um in einem anderen zu wirken.

Aña jedoch mißfiel die Friedfertigkeit seiner einstigen Schüler. Er kam in ihr Dorf und befahl ihnen, wieder seine Lehren von Rache und Krieg zu befolgen. Die Menschen dieses Stammes aber antworteten ihm, sie hätten nun alle die Seelen von Schmetterlingen und seien damit zufrieden und glücklich. Sie wollten sich nicht mehr ändern. Da wurde Aña zornig. Er verfluchte sie und verwandelte sie in die Sträucher Caapi Ñaro.

Ein kleiner Junge, der im Augenblick des Fluches nicht im Dorf, sondern im Wald gewesen war, kam zurück und fand anstelle des Dorfes nur noch dichtes Gestrüpp. Mit dem Schmerz der Einsamkeit in der Brust machte er sich auf, den großen Schamanen zu suchen. Und als er ihn gefunden hatte, erzählte er ihm, was er vorgefunden hatte. Mit dreister Stimme sagte er, daß seine Eltern und Freunde mit den Seelen von Yarará und Jaguar wohl noch am Leben sein würden.

Payé Zumé ging mit dem Jungen zu dem verzauberten Dorf zurück. Und dort sprach er: »Weil sie gut waren und friedfertig, mußten sie den Fluch Añas erleiden. Ich aber werde die böse Tat Añas in Gutes verwandeln. Diese Sträucher sollen Blüten tragen, die wie die Federn aussehen, mit denen sich die tapferen Krieger schmückten. Blätter und Blüten werden so dicht sein, daß sie weder Regen noch Sonne durchlassen. So werden die guaranischen Völker diese Blätter und Blüten zum Bau ihrer Tapuís nehmen, und das einst grausame Volk wird allen nur Gutes tun. Es wird ihnen als Blätter und Blüten Sicherheit und Wärme geben. Unter ihrem Schutz wird niemand mehr Furcht vor wilden Tieren haben. Sie werden Schatten spenden und das Dunkel der Nacht in heiteres Wohlsein verwandeln. So werden sie die Guaraní sanft in die Träume führen, in denen die Geister des Waldes Trost spenden und Rat erteilen.«

Und also geschah es.

Die Göttin Ñande Sy

Voller Wunder ist der Urwald am Oberlauf des Rio Paraná. Wenn mittags die Sonne den Regen aufsaugt, erblühen an fruchtbaren, schattigen Orten die Orchideen, die uns Menschen mit Farben beglücken, deren Düfte uns trunken machen.
Einst lebte hier Ñande Sy. Ihre Haut war so zart, daß ein Mann sie gerne berühren mochte, und ihr Gesicht war so sanft, daß ein jeder sie immerzu anschauen wollte. Ihre Brüste weckten die Sehnsucht nach Liebkosung und gaben ihrem Sohn reiche Nahrung. Ihr Lächeln war heiter, und ihre Augen zeigten die Güte ihres Wesens. Ein jeder empfand Freude, wenn sie mit ihm sprach, denn sie verbreitete Friede und Liebe im Stamm.
Ñande Sy liebte ihren Sohn sehr. Als ihr Körper ihn nicht mehr ernähren konnte, gab sie ihm gutes Fleisch und reife Früchte, auf daß er ein tapferer Mann werde. Und als sein Spiel nicht mehr das der Kinder war, sprach sie mit ernsten Worten zu ihm, damit er ein edler Krieger werden sollte. So reiften Mutter und Sohn zur Vollendung ihres Daseins in Tupás Welt.
Eines Tages geschah ein Unglück. Der Sohn starb am Biß einer giftigen Schlange. Trauer kam über den Stamm.

Das Leid der Mutter würde Frieden und Liebe in Schwermut verwandeln.
Ñande Sy aber weinte nicht. Sie begann vor dem Leichnam ihres Sohnes zu tanzen und stimmte eine heilige Melodie an. Sie tanzte und sang so lange, bis sie in tiefe Verzückung geriet, in der man die Stimmen der Waldgeister flüstern hört. Ihr tanzender Körper begann zu leuchten, die Worte ihres Gesangs begannen zu fließen. Ihre Worte flossen in die Knochen des Toten, und ihr Leuchten führte seine Seelen zurück. Ñande Sy tanzte und sang, bis ihr Sohn wieder lebend war. Das Leuchten ihres Körpers und das Fließen ihrer Worte drangen bis in die ewige Finsternis zu Tupá. Und er entrückte die Körper von Mutter und Sohn und geleitete sie in das Land ohne das Böse.
Dort weilen sie unter der ewigen Pindopalme, die das Weltall trägt, wo Tupá unser aller Großmutter schwängerte und sie den ersten Guaraní gebar. Dort weilen sie, nun Götter geworden.
Ñande Sy schützt die Weiblichkeit, die fruchtbaren, schattigen Orte der Orchideen der Liebe, damit wir glücklich sein und ein starkes Volk werden können. Voller Wunder ist der Urwald am Oberlauf des Rio Paraná.

Das Lied von Ñambiú

Im Urwald am Oberlauf des Rio Paraná hört man in der heißen Jahreszeit oft ein herzergreifendes Wehklagen aus dem Laub. »Urutaú«, klingt es aus den grünen Blättern. Es ist das traurige Lied des Vogels Ñambiú, und es hört sich an wie sehnsüchtiges Rufen nach einem Geliebten.

Vor langer Zeit herrschte Krieg zwischen dem Volk der Guaraní und dem Brudervolk der Tupí. Blutige Schlachten wurden geführt, Dörfer verbrannt, Männer getötet und Kinder und Frauen geraubt. Es war eine schreckliche Zeit, sie brachte den Menschen viel Leid. Es schien als sei Aña der Herr der Welt.

Bei einer Schlacht hatten die Guaraní gesiegt. Weil sie des Tötens an diesem Tag müde waren, fesselten sie die geschlagenen Männer und führten sie als Gefangene in ihr Dorf. Sie sollten bei einem Freudenfest getötet werden.

Unter den Gefangenen fiel ein junger Tupí auf, er war von feiner Gestalt und würdiger Haltung. Er klagte nicht und er wehrte sich nicht. Gelassen ertrug er seine Gefangenschaft. Er schien von fürstlicher Herkunft zu sein.

Der Kazike der Guaraní hatte eine liebliche Tochter namens Ñambiú. Viele Krieger sehnten sich nach ihr. Doch sie war nur dem heldenhaftesten unter ihnen bestimmt. Der Kazike hatte die Wahl noch nicht getroffen. Eines Tages ging Ñambiú spazieren und kam an den Ort, wo die Gefangenen, an Bäumen gefesselt, ihr Schicksal erwarteten. Als Ñambiú den edlen Krieger der Tupí sah, seine feine Gestalt und seinen ruhigen Blick, verliebte sie sich sofort in ihn. Und das gleiche geschah dem edlen Krieger der Tupí, als er Ñambiús Schönheit gewahr wurde. Der Gefangene war der Tupí-Held Urutaú.

Ñambiú bat ihren Vater, das Leben dieses Feindes zu schonen, und sagte, daß sie ihn heiraten wolle. Der Vater wurde sehr zornig darüber. Wie konnte ein besiegter Krieger es sich erlauben, seine Tochter zu lieben? Und wie konnte die Tochter eines großen Kaziken Sehnsucht nach einem Gedemütigten empfinden? Er befahl Ñambiú, in ihr Tapuí zu gehen. Dann ließ er den edlen Gefangenen durch Lanzen ermorden.

Ñambiú jedoch glaubte, dem Vater sei ihr Liebesglück wichtiger als die Schande, einen geschlagenen Feind aufzunehmen. Sie wollte am nächsten Tag Urutaú wieder treffen. Doch als sie an seinen Baum gelangte, sah sie am Stamm nur noch sein Blut. Da blickte sie voller Schmerz in den Himmel. Flehend hob sie die Arme. Ein

trauriges Wehklagen entrann ihrer Kehle. »Urutaú«, so klang ihr Lied. Ihre erhobenen Arme bekamen Federn, und sie erhob sich in die Luft. Dann verlor sich ihr Lied im Laub des Urwaldes.

Die Schönheit der Tacuapí

Im Urwald am Oberlauf des Rio Paraná lebte einst ein Mädchen namens Tacuapí. Ihr Haar war seidig und schwarz, ihr Gesicht edel, die Augen so sanft wie ein Reh, die Lippen so rot wie die Ceiboblüte. Ihre Gestalt war so schlank und so biegsam wie ein Bambus. Alle Männer im Land der Guaraní hatten Sehnsucht nach ihr, selbst die Alten, die sonst nur noch mit Hilfe der Blätter des Yerba-Strauches träumen konnten. Ihr Zauber machte jeden Mann begierig. Viele tapfere Krieger kamen zu ihr und warben um sie.

Tacuapí aber verschmähte sie alle. Es gefiel ihr, wenn die Krieger sich um sie schlugen. Und manchmal schenkte sie einem ein wenig Zärtlichkeit, um noch heftigeren Streit unter ihnen zu bewirken. Vergossen die Freier ihretwegen Blut, wurde sie immer schöner dabei. Aber ihr Herz wurde kalt und schlecht.

Die Geister des Urwaldes flüsterten ihr zu, sie solle lieben, damit das Gute in ihre Seele käme. Aber Tacuapí überhörte sie. Sie glaubte, Schönsein allein sei genug, und es gefiel ihr, von Männern umringt zu sein, die ihr Leben für sie lassen wollten. So begann für die Guaraní eine schlechte Zeit, denn sie führten Krieg untereinan-

der, um Tacuapí zu gefallen und um sie zu gewinnen. Eines Tages ging sie an den Fluß, um ihre Schönheit zu bewundern, zu baden und sich dann von der Sonne umschmeicheln zu lassen. Als sie in das Wasser trat, verdunkelte Tupá die Sonne. Und sie hörte, wie der Schöpfer sagte: »Du hast mit deiner weiblichen Schönheit Böses getan. Ich will das Böse nun von dir nehmen. Behalte deinen schönen Körper, aber nicht das Böse in ihm. Du sollst in Zukunft nur Gutes tun. Beim Tanz für die Göttin Ñande Sy soll sich die Manneskraft regen, und die Liebe soll dann Erfüllung finden!«
Tacuapí verwandelte sich in ein dünnes, biegsames Bambusrohr mit kleinen, scharfen Blättern, das seither am Ufer des Rio Paraná wächst. Die Tacuapí ist das Symbol der Weiblichkeit. Und beim Tanz für die Göttin Ñande Sy schlagen die Mädchen das Rohr rhythmisch zu Boden.

Die verzauberte Lagune

Ein kleiner Seitenarm des Iguazú fällt in eine verträumte Lagune. Sie liegt über dem Canyon auf einem Felsvorsprung, versteckt im Dschungel mit seinen tausend bunten Blüten. Man kann die Stelle leicht finden, wenn man auf dem Weg zu den Wasserfällen am alten Samuú-Baum abzweigt und dem Pfad bergab in den Grund des Canyons folgt.

Die großen Wasserfälle hört man hier nur wie ein fernes Grollen. Der kleine plätschert munter in den Teich, der rot und golden in der Sonne blitzt. Zwei selten geformte Steine ragen aus dem Wasser, und es sieht aus, als würde der größere den kleineren schützend umarmen. Je länger man hinschaut, um so verwirrter werden die Sinne. Die Steine scheinen zwei nackte Menschen zu sein.

Vor langer Zeit lebte hier das Mädchen Ivotí, die jüngste Tochter des großen Kaziken Curupí. Sie war schlank und wohlgewachsen wie eine Tacuapí am Ufer des Paraná und hatte eine zarte Haut und ein sanftes Gesicht. Ihr fröhliches Lachen erfüllte Häuptling und Stamm mit großer Freude. Sie wurde dem edlen Krieger Carayá versprochen. Er sollte sie heiraten, sobald die Zeit der Reife gekommen war.

Ivotí war glücklich über diese Entscheidung. Sie liebte den Jüngling seit ihrer Kindheit, in der sie viele Abenteuer gemeinsam bestanden hatten.
Als Ivotí fühlte, daß sie Frau wurde, ging sie oft allein in dieser einsamen Lagune zum Baden. Im Wasser, zwischen den Blättern des Waldes, fühlte sie sich eins mit Tupás geschaffener Welt, und sie konnte über ihre Liebe zu Carayá nachdenken.
Eines Tages aber erstarrte das Leben des Waldes. Der Gesang der Vögel verstummte, die Zikaden zirpten nicht mehr, kein Affe schrie aus den Bäumen, die Schmetterlinge ließen sich müde ins Gras nieder. Selbst der Wasserfall schien lautlos in die Lagune zu stürzen. Erschrocken richtete sich Ivotí aus dem Wasser auf. In der grünen Mauer des Urwaldes sah sie einen Menschen stehen.
Es war ein fremder Mann. Die Sonne strahlte ihn an und ließ seine Muskeln glänzen. Er näherte sich der Lagune und streckte seine Arme nach ihr aus. Wie verzaubert kam sie ihm entgegen und ließ sich aus dem Wasser helfen. Und als sie ihn berührte, erwachte in ihr die Liebe zu diesem Fremden. Er küßte sie, und sie wurde seine Frau. Glücklich verließ Ivotí die Lagune und kehrte in ihr Dorf zurück. Wann immer sie danach an die einsame Lagune über dem Canyon kam, erwartete sie der Geliebte für Stunden voll heimlicher Zärtlichkeit.

Ivotís Liebe und Glück übertrug sich auf den Stamm. Die Guaraní wurden erfolgreicher bei Jagd und Fischfang, Mais und Mandioka wuchsen schneller und größer, die Sammler brachten die süßesten Früchte aus dem Wald nach Hause. Ivotí indes wollte wissen, wer dieser Fremde war, der ihr Leben und auch das ihres Stammes so mit Freude erfüllte.

Eines Tages badete sie in der Lagune. Der schöne Fremde erschien, und wie immer verstummte das Leben im Walde.

»Ich erschrecke jedesmal, wenn du kommst«, sagte Ivotí. »Warum, mein Geliebter, erschrecken auch die Wesen des Waldes?«

»Wenn ich dir das verrate«, antwortete der Fremde, »wirst du mich nicht mehr lieben.«

»Ich werde dich immer lieben«, beteuerte Ivotí, »in diesem Leben und im Paradies. Sag mir, wer du bist!«

Der Fremde zögerte. Doch dann erhob er sich. Ivotí erschauerte am ganzen Körper.

»Ich bin Aña, der Gott des Bösen.«

»Das ist unmöglich«, rief Ivotí erschrocken. »Du bist ein schöner Mann, und das Böse ist ein häßliches Wesen.«

Aña schüttelte den Kopf. »Böse und häßlich, schön und gut, so denken sich einfältige Menschen die Welt aus. Und du wirst mich nun auch in meiner häßlichen Gestalt sehen, weil du weißt, daß ich Aña bin.«

Und so geschah es. Der Schöne verwandelte sich in ein häßliches Wesen. Alles, was Ivotí an ihm bewundert hatte, erfüllte sie nun mit Abscheu, und was ihr angenehm gewesen war, weckte jetzt Ekel in ihr. Aña beobachtete betroffen, wie sich die Gefühle seiner Geliebten veränderten.
»Du hast mir ewige Liebe versprochen«, sagte er erregt. »Ich habe nur an deine Liebe gedacht und darüber das Böse vergessen. Bleibe bei mir, du wirst die Göttin der Erde sein. Ich werde über deinen Stamm wachen. Er wird zu essen und zu trinken haben und in Freude leben.« Er kniete vor ihr nieder. »Versprich, Geliebte, daß du weiterhin an diese Lagune kommst!«
Voller Angst versprach sie es ihm. Doch im Herzen war ihre Liebe verstummt, wie das Leben der Wesen im Walde, wenn Aña erschien.
Sie hielt das Versprechen und traf sich regelmäßig mit dem Gott des Bösen. Aber sie wurde von Tag zu Tag trauriger. Dabei durfte sie sich weder Vater noch Mutter anvertrauen. Niemand durfte ihr schreckliches Geheimnis erfahren.
Carayá war inzwischen der erfolgreichste Jäger des Stammes geworden. Er war ein fröhlicher Mensch und hatte für jeden ein gutes Wort. Doch der Schmerz Ivotís blieb ihm nicht verborgen.
»Was hat dich nur verändert?« fragte er sie. »Du hast

früher immer gelacht und mochtest mich gern. Jetzt scheint mir, du seist sehr unglücklich.«
Carayá strich ihr über die Wange.
»Bald bist du meine Frau«, lächelte er, »und dann wirst du glücklich sein.«
Ivotí aber stieß ihn zurück. »Ich liebe dich nicht mehr! Nie werde ich dir mein Leben schenken können!«
Bestürzt wollte Carayá wissen, was er falsch gemacht habe. Sie aber antwortete leidvoll, daß es nicht an ihm liege. Er sei ein wundervoller Mann. Aber ihr sei ein anderes Schicksal bestimmt.
Carayá erkannte, wie sehr Ivotí litt, und beschloß, das Geheimnis zu ergründen. Heimlich folgte er ihr an die Lagune und sah Ivotí in den Armen des Bösen. Zornig stürzte er sich mit der Lanze auf den Feind. Doch Aña ließ ihn erstarren.
»Schenk ihm das Leben wieder«, flehte Ivotí den Bösen an. Dieser aber wollte wissen, wer dieser Krieger sei, der sie überfallen hatte. Sie antwortete ihm, daß es der Mann sei, dem sie versprochen war. Aña lachte und meinte, er wolle ihn dann lieber in seiner Starre belassen.
»Dann werde ich dich ewig hassen«, rief Ivotí voller Empörung.
Aña war verwundert darüber. »Gut«, sagte er. »Ich werde ihn gehen lassen. Aber nicht mehr als Mensch, sondern als Affen.«

Und er verwandelte Carayá in einen schwarzen Affen. Als dieser fühlte, daß er sich bewegen konnte, packte er Ivotí und wollte mit ihr über die Felsen in den Canyon fliehen. Ivotí klammerte sich verzweifelt an ihn. »Lieber lebe ich mit diesem Untier als mit dem Gott des Bösen!« rief sie.

Aña hob die Hand. Beide erstarrten im Wasser der Lagune.

»Schlechte Frau«, sagte der Böse. »Du hattest mir ewige Liebe versprochen. So bleibe denn mit deinem Krieger dort, wo du das Versprechen gegeben und gebrochen hast. Ihr werdet so lange Steine sein, bis ich Enttäuschung und Schmach überwunden habe. Dann werde ich an diesen Ort zurückkehren, und erst dann werdet ihr wieder leben!«

Ivotí und Carayá verwandelten sich in Steine. Und sie stehen noch immer in der Lagune. Wenn man sie lange genug betrachtet, erkennt man, wie Carayá seine Ivotí schützend umarmt und dabei in den Wald schaut, wo Aña erscheinen wird, wenn er die Liebe zu Ivotí überwunden hat.

Das vergessene Volk

Dietmar H. Melzer führt uns mit seinem Buch »Indio Guaraní – Vergessenes Volk am Rio Paraná« in den Urwald zu Indios und weißen Kolonisten. Er beschreibt seine Begegnung mit dem Häuptling Perumí, dem heilenden Schamanen Arapotiyú und dem Jäger Arasá und erzählt die dramatische Geschichte der Guaraní.

Dietmar H. Melzer
Indio Guaraní
Vergessenes Volk am Rio Paraná
304 Seiten
davon 32 Seiten Farbfotos von Inge Melzer
ISBN 3-924026-04-1
Verkaufspreis: DM 39,80

Kalender
Indios
13 farbige Poster von Inge Melzer
34 × 48 cm

Das vergessene Volk

Dietmar H. Melzer führt uns mit seinem Buch »Indio Guaraní – Vergessenes Volk am Rio Paraná« in den Urwald zu Indios und weißen Kolonisten. Er beschreibt seine Begegnung mit dem Häuptling Perumí, dem heilenden Schamanen Arapotiyú und dem Jäger Arasá und erzählt die dramatische Geschichte der Guaraní.

Dietmar H. Melzer
Indio Guaraní
Vergessenes Volk am Rio Paraná
304 Seiten
davon 32 Seiten Farbfotos von Inge Melzer
ISBN 3-924026-04-1
Verkaufspreis: DM 39,80

Kalender
Indios
13 farbige Poster von Inge Melzer
34 × 48 cm